LE

26 OCTOBRE

LE

26 OCTOBRE

PAR

PASCHAL GROUSSET

—

UN FRANC

—

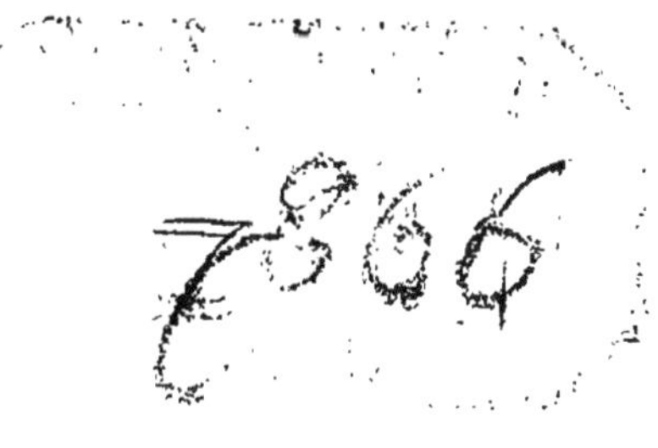

PARIS

DÉPOT CENTRAL CHEZ MADRE

RUE DU CROISSANT

—

1869

LIBERTÉ, ÉGALITÉ, FRATERNITÉ, JUSTICE.

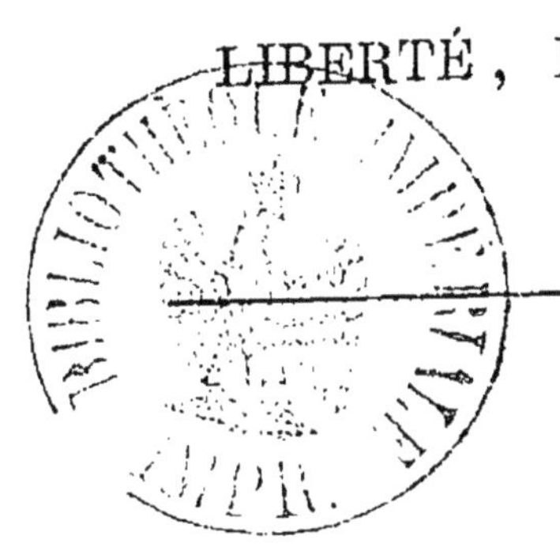

LE 26 OCTOBRE

Au mois de mai dernier, le peuple français, assemblé dans ses comices, s'est élu des représentants.

Ce faisant, par les hommes qu'il a choisis, par les conditions qu'il leur a imposées, il a signifié hautement au Pouvoir personnel que le règne du bon plaisir était fini.

Le mois suivant, le Pouvoir exécutif convoquait les représentants du peuple.

Le 12 juillet, sans motif, sans raison, sans prétexte, sans attendre que les élections contestées eussent été validées ou rejetées, en vertu de sa décision discrétionnaire, il leur a fait dire, par son *Journal Officiel :*

« Passez à la caisse et allez-vous-en chez vous ! Cela me plaît ainsi. »

Puis, rien.

Un silence de deux mois ; une stagnation de tout ; un mutisme obstiné.

Des ministres en vacances, pendant que la France fait antichambre, attendant le payement de la traite qu'elle a tirée, à bref délai, sur l'Empire.

Le chef du Pouvoir exécutif aux mains des médecins ; sa femme en villégiature.

Y a-t-il un gouvernement? Y a-t-il une Chambre? Y a-t-il un lendemain? Est-ce la liberté renaissante? Est-ce un coup d'État en préparation?

Nul ne le sait.

La situation est si étrange, si bizarre et si indécise qu'un prétendant, — il y en a encore! — croit le moment opportun pour glisser sa réclame dans la poche du Peuple.

Alors une voix s'élève, — une voix tardive, — parmi ces représentants qui s'étaient naguère, en dignes fils des Cinq-Cents de

Saint-Cloud, si benoitement laissé mettre à la porte.

Cette voix dit, en substance :

« On se lasse, à la fin, d'être battu !... On se lasse de n'être ni chair ni poisson, ni électeur ni député !... On se lasse d'être représentant et de ne rien représenter ! D'avoir une stalle au Palais-Bourbon et de n'avoir pas voix au chapitre !...

» Puisqu'on m'oblige à le dire, je le dirai : le Pouvoir Exécutif n'est rien sans le Pouvoir Législatif...

» La Constitution donne six mois à l'Empereur comme délai maximum entre la dissolution de la vieille Chambre et la réunion de la nouvelle...

» Ce délai expire le 25 octobre...

» Au 26 octobre, si le Pouvoir exécutif n'a

pas fait son devoir en convoquant, dans la limite constitutionnelle, le Corps législatif, je ferai le mien, je viendrai heurter à la porte de la Chambre, et signifier ma volonté au bras qui prétend se passer de ma tête ! »

Ces paroles, est-ce un républicain, est-ce un irréconciliable qui les fait entendre ?

Non.

C'est un « modéré; » c'est un monarchiste ; c'est un Breton ; c'est un adversaire de la République au Mexique ; c'est un ex-officier de contre-guérillas ; c'est un Cent-Seize ; c'est un comte ; c'est un Kératry...

Le fils, l'héritier, l'élève, le continuateur de ce Kératry, mort il y a quelques années à peine, après avoir, dans sa vie de quatre-vingt-dix ans, trempé dans toutes les réactions ; de ce Kératry qui ouvrit en 1849, comme doyen d'âge, la session d'une assemblée républicaine par une déclaration de haine à la République ; de ce Kératry qui ne craignit pas, lui président, d'interrompre par la plus sanglante et la plus injuste des accusations le discours d'un orateur à la tribune, le discours calme et nullement personnel de Ledru-Rollin ; de ce Kératry, coryphée du mouvement de recul qui valut le 2 décembre à la France ; de ce Kératry sur la mémoire duquel doit peser, devant l'histoire, une part de responsabilité dans le total des cinquante mille victimes du coup d'Etat...

Certes, devant une motion signée de ce

nom, les défiances de la Démocratie radicale étaient légitimes.

Elle avait le droit de se demander si ce n'était pas un piége que ce Cent-Seize tendait sous ses pas.

Elle pouvait, elle devait hésiter, avant de risquer, dans l'aventure à laquelle la conviait un hôte suspect, sa victoire désormais cerfaine.

Aussi a-t-elle attendu, pour se prononcer, qu'un nom vénérable et vénéré, celui de son vieux mandataire Raspail, fût venu légaliser la signature du député du Finistère.

Et même après une telle acceptation, ce n'est que d'un pas lent et circonspect qu'elle s'est décidée à entrer dans ce mouvement.

La démarche pouvait être de son goût : non l'inventeur.

***

Sage lenteur, et plus sage hésitation.

On ignorait quelles pouvaient être les intentions et les plans du pouvoir.

On ignorait s'il ne songeait pas, d'aventure, à provoquer lui-même la dissolution impérieusement demandée par l'opinion publique, après des élections entachées du vice originel de la candidature officielle.

Marcher en avant, dans ces conditions pouvait être une faute : il fallait se garder d'ouvrir une issue à l'impasse dans laquelle le pouvoir s'était engagé.

D'où, peu d'accord dans le pétitionnement.

Unanime à blâmer la honteuse attitude

des mandataires de la nation, en présence du décret qui les prorogeait, la Démocratie se préparait bien à leur donner encore, comme par grâce, son appui, s'ils voulaient prouver, au 26 octobre, qu'ils étaient capables d'une décision énergique; mais elle leur demandait cet acte de virilité avec une mollesse qui montrait surtout combien elle avait lieu de les en croire incapables.

Mais un fait nouveau est venu changer la face des choses.

Sortant de son mutisme, le Pouvoir Exécutif se décide à convoquer la Chambre.

Il choisit la date du 29 novembre.

Que signifie cette résolution, et que signifie cette date ?

*
* *

La résolution signifie ceci :

— « C'est en vain que l'opinion est unanime à réclamer la dissolution de cette Chambre élue par les paysans, c'est-à-dire par la fraction inconsciente de la nation.

» C'est en vain que la conscience nationale se révolte contre la candidature officielle et s'indigne de voir les contrôleurs du budget national choisis par le dépositaire même de ces fonds, les juges désignés par l'accusé.

» C'est en vain que le patriotisme et le bon sens des villes ont moralement retiré leur mandat à ces représentants d'antichambre, qu'elles ont élus pour revendiquer nos droits foulés aux pieds, et qui n'ont rien su faire en quatre mois, sinon toucher leurs appointements mal acquis et visiter les Alpes bleues ou le Rhin mugissant...

» Il ne me plaît pas, à moi, de dissoudre cette chambre !

» C'est la Chambre qui me convient ! C'est celle qu'il me faut ! Je n'en choisirais pas une autre moi-même !

» Je l'ai mise au vert pendant trois mois, parce qu'elle était encore un peu échauffée de son contact avec le peuple et qu'il fallait lui donner le temps de reprendre son calme habituel...

» Maintenant qu'il y a des ventilateurs dans le plafond du Palais-Bourbon, vienne l'hiver et je la laisserai se réunir.

» Il y aura de bons petits discours, pas méchants, de M. Eugène Pelletan ; des nouvelles à la main de M. Ernest Picard ; des mots inédits de M. de Tillancourt; quelques coups du tonnerre (portatif) de M. Jules Favre, précédés de politesses parlementaires; tout au plus Ferry nous taquinera-t-il sur les finances; les grognements du vieux Raspail, qui a la voix cassée, ne seront pas entendus du dehors; Gambetta est malade... Tout ira bien.

» En voilà toujours pour six ans. Ouf! »

Quant à la date du 29 novembre, voici ce qu'elle dit :

« Vous êtes encore de plaisantes gens, avec votre 26 octobre!

» Ah! vous croyez que, parce qu'il vous convient de désigner cette date, sous prétexte qu'elle est l'ultime limite du délai constitutionnel, je n'aurai rien de plus pressé que de la prendre ?

» Eh bien ! et le « prestige » du pouvoir? et le rôle prépondérant du chef de l'État? Qu'en faisons-nous ?

» Je réunis la Chambre parce que, tout bien pesé, c'est ce que j'ai de mieux à faire, dans mon propre intérêt, voilà tout.

» Je la réunis le 29 novembre, d'abord parce que c'est toujours trente-trois jours de gagnés, ensuite parce que ce n'est pas la date que vous demandez.

» Ceci, à la seule fin de vous faire voir que petit bonhomme vit encore, mes maîtres, et que le pouvoir personnel n'est pas mort comme on l'a cru.... »

Dans ces conditions, quelle doit être l'attitude de la Démocratie radicale ?

La réponse est simple.

Les intérêts de la Démocratie radicale étant précisément le contraire des intérêts du pouvoir personnel, elle doit, de toute la puissance dont elle dispose, vouloir, EXIGER ce que le pouvoir personnel lui refuse.

Le pouvoir personnel s'accroche, comme à une suprême ancre de salut, à la Chambre actuelle : la Démocratie radicale doit provoquer, par tous les moyens, la dissolution de cette Chambre.

⁂

Il serait oiseux de démontrer que la dissolution de cette Chambre est le véritable but à poursuivre.

Pour en être convaincu, il suffit de considérer que la Chambre actuelle se constituant équivaut à ceci : *deux mois*, au moins, de temps perdu pour les validations ; *deux* ou *trois mois* de discussions stériles sur les « réformettes » gouvernementales ; peut-être une réaction sur ces « réformettes » mêmes : (il faut s'attendre à tout !); les réélections de Paris reportées au mois de janvier ou de février; en tout cas le *statu quo* pour un temps indéfini, pour six ans peut-être.

Quant à la gauche actuelle, elle a donné

depuis quatre mois la mesure de ce qu'elle fera :

Elle ne fera RIEN.

Si c'est là ce que Paris, ce que la nation désirent, il n'y a qu'à attendre bénévolement le 29 novembre : cela ne manquera pas. Le pouvoir personnel aura encore six ans de pain sur la planche.

Mais pour quiconque a mesuré les pas de géant de la Démocratie depuis le mois de mai ; pour qui voit comme la minorité radicale des élections dernières est, en peu de temps, devenue une imposante majorité ; pour qui met en balance l'indécision et le désarroi des uns, la foi et la certitude des autres ; il n'y a pas d'hésitation possible.

Le mot d'ordre unique, le cri de ralliement doit être :

DISSOLUTION !

Tout le reste serait duperie.

Et quelle admirable position !

La dissolution, ce n'est pas la démocratie seule qui la réclame, c'est la nation tout entière. Les journaux de tous les partis l'ont demandée. Même les amis du pouvoir la jugent nécessaire. Il n'y a pas un sens droit qui ne se soulève contre la discussion de réformes « libérales » devant cette Chambre triée par des préfets « à poigne. » Il n'y a pas un seul esprit juste qui ne convienne que le premier et le seul gage acceptable des intentions nouvellement affichées par le pouvoir ne soit un appel nouveau au suffrage universel, dans de véritables conditions de liberté.

Les députés eux-mêmes, ceux du moins qui ont l'amour-propre et la dignité de se croire les représentants de la Nation, et non pas les représentants du ministère de l'intérieur, demandent la dissolution comme la seule mesure qui puisse leur rendre la confiance de leurs électeurs.

C'est la logique, c'est l'honnêteté, c'est la pudeur publique qui veulent la dissolution.

La dissolution sortirait-elle de la convocation du Corps législatif en novembre ?

C'est peu probable. En tous cas, on conviendra que c'est chanceux.

La dissolution sortirait-elle d'une réunion spontanée des Députés, même en minorité, à la date constitutionnelle du 26 octobre ?

NÉCESSAIREMENT.

La réunion spontanée de ces députés serait en effet le conflit ouvert entre le pouvoir législatif et le pouvoir exécutif, *et il n'y aurait alors, entre eux, d'autre juge possible que la Nation.*

Notons (ce qui a bien son importance dans la pratique), que, même en se plaçant en dehors des imprescriptibles revendications de la démocratie, c'est le Corps législatif, dans ce conflit, qui a le beau rôle, outre le droit, pour lui.

Le délai constitutionnel expirant au 26 octobre (1), c'est le pouvoir exécutif qui manque à son devoir en convoquant la Chambre pour une date ultérieure. C'est la Chambre qui remplit le sien, qui fait ce qu'elle se doit à elle-même et ce qu'elle doit à la nation, en se rendant spontanément à son poste dès l'expiration du délai.

(1) Le point de droit constitutionnel n'est pas douteux le moins du monde, comme on l'a insinué. Une *consultation* s'élabore en ce moment, avec l'adhésion de tous les jurisconsultes notables, sans distinction de parti, qui lève tous les doutes semés sur cette question, dans un but facile à comprendre. Au surplus, le bon sens, qui est le meilleur des jurisconsultes, suffit à affirmer hautement que la session tronquée de juin, interrompue au milieu de la validation des pouvoirs, ne saurait compter, et que le délai constitutionnel court à partir de la dissolution de la législature de 1863, c'est-à-dire à partir du 23 avril dernier.

***

On dira : Croyez-vous que le pouvoir n'ait pas pesé l'éventualité possible de cette réunion au 26 octobre? Qui vous dit même qu'il ne la désire pas? Qui vous dit que son décret de convocation n'est pas un traquenard? Qui vous dit qu'il n'attend pas avec impatience l'occasion de ce coup d'Etat annoncé depuis un mois? Qui vous dit que le 26 octobre n'est pas déjà, dans sa pensée, la date assignée à une nouvelle Saint-Barthélemy de patriotes?

Ici, je m'insurge. Quoi! devons-nous donc être éternellement courbés devant cette menace d'une fantaisie sanglante du Bon Plaisir ? Sommes-nous tombés à ce degré d'abjection que nous reculions devant la revendication d'un droit évident, d'un droit *constitutionnel*, sous prétexte qu'au coin de cette revendication il y a une embuscade du pouvoir personnel ? Avons-nous à tel point perdu tout sentiment de la légalité, que nous-mêmes, nous démocrates, nous regardions comme « séditieuse » la sainte résistance à l'oppression ?

Ah ! s'il en est ainsi, nous méritons tout. Nous méritons qu'on nous conspue et qu'on nous soufflette ; nous méritons qu'on chasse et qu'on proroge à toujours nos représentants ; nous méritons un nouveau Deux-Décembre ; nous méritons de nouvelles déportations ; nous méritons encore vingt ans de honte et de silence ; nous sommes un peuple de cabotins et de filles ; l'Europe a raison de se rire de nous ; les Etats-Unis ont raison de nous mettre leur pied dans le dos ;

les Autrichiens et les Russes ont raison de venir chez nous comme au lupanar !

La France, croire qu'elle a le droit de se réunir, en la personne de ses représentants, à la date du 26 octobre, et ne pas oser parce que tel n'est pas le plaisir d'un homme !

Mais ce serait épouvantable, si ce n'était avant tout ridicule...

Mais cela fait hausser les épaules...

Le pouvoir personnel, maintenant, risquer un coup d'État ?

Ce serait de la démence.

Le 2 décembre a réussi, parce que la France voguait en pleine réaction, parce que la mitraillade du boulevard avait alors deux ou trois millions de complices muets.

En est-il de même aujourd'hui? La situation est-elle celle du 1er décembre 1851?

Oui, si le jour est même chose que la nuit.

Un coup d'État? Mais ce serait presque à le désirer, pour la Démocratie radicale, — si les coups d'État ne coûtaient pas du sang.

Et la France ne veut plus de sang.

Le pouvoir personnel doit le savoir, allez : il a une police exprès pour le lui dire.

Au surplus, de quoi s'agit-il?

Est-ce de faire des barricades? Est-ce de

descendre, en armes, dans la rue? Est-ce même de former, autour des représentants qui répondront à l'appel de la nation des « rassemblements tumultueux? »

Là serait la faute, là le danger.

A l'heure qu'il est, la France est assez réveillée, assez forte, assez consciente de sa volonté instinctive et unanime, pour n'avoir pas besoin d'offrir même l'ombre d'un prétexte aux sanglantes résistances du despotisme.

Elle serait bien imprudente et bien folle de s'embarquer dans cette aventure.

Elle triompherait, sans doute, car il n'y a pas de lutte possible contre un peuple tout entier debout. L'Espagne et la Russie en 1812, l'Allemagne en 1813, la France en 1792, en 1830 et en 1848, le Mexique en 1865 l'ont surabondamment prouvé... Mais qui nous rendrait le sang perdu ?

La France a mieux à faire :

Signifier sa volonté, avec le calme et la majesté de sa force. Puis attendre en silence.

Ordonner à ses mandataires de se rendre à leur poste, le 26 octobre, puis les regarder agir.

Laisser le Pouvoir personnel agonisant aux prises avec la Loi : contempler cette agonie et ce triomphe.

Assister, enfin, à la victoire du Droit immatériel et insaisissable sur la Force impuissante quand elle ne trouve devant elle qu'une Idée...

***

Citoyens !

La réunion du Corps législatif, même en minorité, au 26 octobre, c'est la dissolution !

La dissolution, c'est un nouvel élan électoral, c'est la liberté, c'est la victoire !

Ordonnons formellement à nos mandataires, par voie d'adresses, de se réunir à l'expiration du délai constitutionnel, au Corps législatif ou ailleurs, et de se constituer.

Que tous les citoyens, à cette date, restent paisiblement à leur domicile, ou vaquent à leurs affaires, et se gardent de donner le moindre prétexte aux excès de la réaction !

Que les patriotes s'unissent pour réprimer toute tentative de manifestation violente et par cela même suspecte !

Vive la Nation !

Paris. — Imp. Dubuisson et Comp., rue Coq-Héron, 5.

DU MÊME AUTEUR :

A Bruxelles

Chez ROZEZ, libraire-éditeur, passage de la Monnaie place de la Monnaie

LA RÉGENCE DE DECEMBROSTEIN

VAUDEVILLE POLITIQUE EN 5 ACTES

Brochure in-12. — 1 franc.

— A Paris —

Chez MADRE, rue du Croissant

LE RÊVE D'UN IRRÉCONCILIABLE

Brochure in-12. — 1 franc.

LE BILAN DE L'ANNÉE 1868

PAR CASTAGNARY,
PASCHAL GROUSSET, RANC ET FRANCISQUE SARCEY.

Un fort vol. in-12. — 3 fr. 50 c.

LA CONSPIRATION MALET

Un vol. in-12, — 1 fr. 50 c.

Incessamment

Les origines d'une dynastie : LE COUP D'ETAT DE BRUMAIRE AN VIII. — Un fort vol. in-12, — 3 fr. 50 c.

www.ingramcontent.com/pod-product-compliance
Ingram Content Group UK Ltd.
Pitfield, Milton Keynes, MK11 3LW, UK
UKHW020503230726
13925UKWH00005B/2085

9 782014 05437